AF298784

FRA ANGELICO

TABLEAU MUSICAL EN UN ACTE

*Première représentation en juin 1924 sur le Théâtre National
de l'Opéra-Comique.*
Direction de MM. ALBERT CARRÉ, ÉMILE et VINCENT ISOLA.

PERSONNAGES

FRA ANGELICO. . . M. OGER. | CATARINA . . . Mlle EMMA LUART.

CECILIA . . . . Mlle ESTÈVE.

LA SUPÉRIEURE . . Mme FERRAT. | UN MENDIANT. M. TUBIANA.

	QUATRE RELIGIEUSES			QUATRE ENFANTS	
1re	Mme	BILLA-AZÉMA.	1er	Yvonne	GOLDFLAM.
2^e	Mlles	ÉPICASTE.	2^e	JACQUELINE	MONCHÈRE.
3^e		DUCUING.	3^e	SIMONE	GARNIER.
4^e		GARCIA.	4^e	MARTHE	RITZ.

Mise en scène de M. ALBERT CARRÉ.

Directeur de la musique :
M. ALBERT WOLFF.

Directeur de la scène :
M. G. DUBOIS.

Chef d'orchestre :
M. A. CATHERINE.

Chef de chant :
M. GASTON THÉROINE.

Costumes dessinés par M. MULTZER
exécutés par Mme SOLATGES et M. MATHIEU.

Le préau du couvent des sœurs de Sainte-Agnès.
A gauche, la chapelle. A droite, le couvent.
Au fond, la grille ouverte sur les champs de Borgo-San-Lorenzo.
L'action se passe en 1417.

*Pour traiter des représentations, de la location de la partition des parties
d'orchestre, des chœurs, de la mise en scène, etc., s'adresser exclusivement
à MM. Max ESCHIG et Cie, éditeurs de l'ouvrage, 48, rue de Rome et 1, rue
de Madrid, Paris.*

FRA ANGELICO

TABLEAU MUSICAL EN UN ACTE

LIVRET DE
Maurice VAUCAIRE

MUSIQUE DE
PAUL HILLEMACHER

Brochure complète : 1 franc
(MAJORATION TEMPORAIRE EN SUS)

PROPRIÉTÉ DES ÉDITEURS POUR TOUS PAYS

Tous droits de reproduction et d'arrangement, de représentation,
de traduction et d'exécution publique réservés pour tous pays, y compris la Suède,
la Norvège et le Danemark.

MAX ESCHIG ET Cie
Éditeurs de Musique
48, rue de Rome et 1, rue de Madrid
PARIS, VIIIe

Copyright 1924 by Max Eschig et Cie, Paris

FRA ANGELICO

SCÈNE PREMIÈRE

LA SUPÉRIEURE, FRA ANGELICO.

Au lever du rideau, Fra Angelico est devant une fresque commencée,
la palette à la main, dans une attitude pensive.

LA SUPÉRIEURE, d'une voix très douce.

Faut-il appeler les enfants?
   Vos chers petits modèles...

FRA ANGELICO.

Si vous voulez, ma sœur, le mur
Est prêt.

LA SUPÉRIEURE.

Nous osions espérer
Une Annonciation comme
Au couvent Saint-Marc, à Florence.

FRA ANGELICO.

Je désire peindre une ronde
De jeunes anges dans l'azur,
Ou sur l'un des chemins fleuris
Du Paradis.

LA SUPÉRIEURE.

Bien, mon frère... je les amène...

Elle entre dans le couvent, à droite.

SCÈNE II

FRA ANGELICO, *quand la supérieure est sortie,*
s'agenouille devant le mur, ses pinceaux à la main.

Vierge sainte, priez pour moi !
Donnez à mes pinceaux indignes
La céleste inspiration.
Que mon dessin
S'éclaire des très purs rayons
De votre divine auréole ;
Qu'il ait l'harmonie de la viole
Et la fermeté de la foi.
Vierge sainte, priez pour moi !

Guidez ma main trop ignorante,
Ainsi que Dieu le fit pour Dante...
Ave Maria.

Quelques enfants, conduits par des religieuses, sortent, les uns après les autres, du couvent; ils sont vêtus d'étoffes légères, à la façon des anges, dans les tableaux des primitifs italiens.

SCÈNE III

LA SUPÉRIEURE, FRA ANGELICO, Les Enfants, Les Quatre Religieuses.

PREMIER ENFANT.

Mes ailes me font mal...

PREMIÈRE RELIGIEUSE, desserrant le costume de l'enfant.

Attends!

DEUXIÈME ENFANT.

Je voulais être en bleu.

DEUXIÈME RELIGIEUSE.

Tais-toi!

DEUXIÈME ENFANT.

Je suis voué au bleu.

DEUXIÈME RELIGIEUSE.

Tais-toi !

TROISIÈME ENFANT.

Irai-je au ciel avec ma robe ?

TROISIÈME RELIGIEUSE.

Si tu es sans défaut.

TROISIÈME ENFANT.

Tant pis !

Il pleure.

TROISIÈME RELIGIEUSE.

On verra...

QUATRIÈME ENFANT.

Papa dit toujours
Que je suis un démon, c'est bête !...
Les démons n'ont pas d'ailes blanches.

QUATRIÈME RELIGIEUSE.

Mais il est des anges déchus.

PREMIER ENFANT.

Nous ressemblons à des images.

LA SUPÉRIEURE.

Les images, elles, sont sages.
Et vous faites un bruit d'enfer...
Pour des anges!

FRA ANGELICO, avec beaucoup de douceur.

Venez, petits.
Groupez-vous tous autour de moi...

DEUXIÈME ENFANT, s'approchant de Fra Angelico.

Jésus aimait les enfants, dis?

FRA ANGELICO.

Tout comme moi.

QUATRIÈME ENFANT.

Frère,
Es-tu Jésus?

FRA ANGELICO, en souriant.

Non.

PREMIER ENFANT.

Qu'il est sot!
Jésus, il est là-haut.

FRA ANGELICO.

Allons, ne bougez pas, tenez-
vous par la main, tournez la tête
Du côté du soleil doré...
Je ne vous garde qu'un moment...

LA SUPÉRIEURE.

Et vous irez jouer, après.

TROISIÈME ENFANT, à Fra Angelico, timidement, d'un ton câlin.

Moi, je veux jouer avec toi.

FRA ANGELICO.

Pourquoi?

TROISIÈME ENFANT.

Je n'ai plus de maman.

FRA ANGELICO, l'embrassant.

Ta maman, ce sera la Vierge.

TROISIÈME ENFANT.

Tu la connais?

FRA ANGELICO.

J'ai fait son portrait.

Ramassant un rameau d'ollvier qu'il donne à l'enfant.

Tu tiendras ce rameau.

Au troisième enfant.

Et toi,

Même jeu avec une gerbe de roses.

Cette gerbe de roses...

Au deuxième enfant.

Toi,
La couronne de myosotis.

Au premier enfant.

Et toi, ne casse pas ce lys!

PREMIÈRE RELIGIEUSE.

Ne bouge pas, Carlo.

DEUXIÈME RELIGIEUSE.

Titto,
Ne te retourne pas!

DEUXIÈME ENFANT, à la deuxième religieuse.

Dis donc,
Raconte la fin de l'histoire...

FRA ANGELICO.

Racontez-lui la fin, ma sœur,
Il tiendra mieux la pose.

DEUXIÈME RELIGIEUSE.

C'est une très vieille légende...

PREMIÈRE RELIGIEUSE.

« La Vierge et la Bohémienne. »

DEUXIÈME RELIGIEUSE.

Oui. Nous la savons toutes.

TOUS LES ENFANTS, à la deuxième religieuse.

Recommence-la!...
Chacune un couplet.

LA SUPÉRIEURE, à la deuxième religieuse.

Vous, sœur Claire...

DEUXIÈME RELIGIEUSE.

Sachant que Jésus était né,
Le roi des Juifs avait donné,
De connivence avec le Diable,
Un ordre terrible, effroyable,
Celui de tuer les enfants
Ayant au-dessous de deux ans;
Les Pierre, les Paul, les Guillaume,
Tous les moucherons du royaume.

PREMIÈRE RELIGIEUSE.

Le papa Joseph soupirait,
Et la bonne Vierge pleurait :
« Il faudrait gagner la campagne
» Et nous retirer en Espagne

» Ou bien en France, mais, comment? »
Se disaient-ils naïvement,
« Car Jérusalem est gardée
» Jusqu'aux frontières de Judée. »

TROISIÈME RELIGIEUSE.

Une bohémienne passait,
Elle entendit ce qu'ils pensaient,
Et mit vite dans sa musette
L'enfant qui lui fit la risette.
« Allons, mes amis, suivez-moi,
» Et moquons-nous du méchant roi,
» Son cœur est noir, son âme est vile,
» Allons-nous-en hors de la ville!... »

QUATRIÈME RELIGIEUSE.

Aux portes de la ville, un tas
De centurions et de soldats
Les arrêtèrent au passage...
La Vierge changea de visage.
A la bohémienne, l'un deux
Demanda, brutal et hideux :
« — Qu'as-tu dans ta musette ronde?
» — J'ai le plus bel enfant du monde! »
Dit-elle en lui serrant la main.

PREMIÈRE RELIGIEUSE.

« — Assez! et passe ton chemin,
» Fit l'homme; ta plaisanterie
» Ne vaut même pas que j'en rie... »
Et le petit Jésus passa,

DEUXIÈME RELIGIEUSE.

Et la bonne Vierge embrassa
La bohémienne qui dansa,...

TROISIÈME RELIGIEUSE.

Rendit l'enfant...

PREMIÈRE RELIGIEUSE.

Et s'éclipsa...

FRA ANGELICO, désignant les enfants, à la supérieure.

Ils ont été bien sages,
Qu'ils se reposent!

LA SUPÉRIEURE.

Bien...

Aux enfants.

Allez goûter dans le couvent.

PREMIER ENFANT.

Reviendrons-nous?

DEUXIÈME ENFANT.

Plus tard.

PREMIÈRE RELIGIEUSE.

Allons!

TROISIÈME ENFANT, d'un ton trainard.

J'ai faim...

PREMIER ENFANT, vivement.

Je veux du miel...

LA SUPÉRIEURE.

On ne dit pas : « Je veux »!...

PREMIER ENFANT, timidement.

Je voudrais...

LA SUPÉRIEURE, à Fra Angelico.

A la bonne heure!... Je vous les ramène.

Elle sort ainsi que les religieuses, emmenant les enfants.
Entre un mendiant... il marche péniblement, dissimulant un objet dans son manteau.

SCÈNE IV

FRA ANGELICO, UN MENDIANT.

LE MENDIANT, tendant une statuette à Fra Angelico.

Mon frère, en creusant dans un champ,
J'ai trouvé ce nu sacrilège :
    Absolvez-moi.

FRA ANGELICO.

Que la paix descende sur toi,
          Pauvre homme!

LE MENDIANT.

Puis-je mendier à la porte?

FRA ANGELICO.

Les sœurs de Sainte-Agnès sont bonnes :
          Tu peux quêter.

LE MENDIANT.

          Merci.

Il sort.

SCÈNE V

FRA ANGELICO, resté seul, considère attentivement la statuette.

          Celui qui te trouva
          Te rend l'éternité,
          Décevante merveille!
          Je devrais te briser,
          Mais pourrai-je l'oser?

Plus tard, je te peindrai,
Ange déchu,
O chef-d'œuvre païen...

Regardant la statuette avec une admiration croissante.

Et puisse mon dessin
Être aussi parfait que le tien,
O chef-d'œuvre!

*Il s'asseoit, pose la statuette sur ses genoux et se met au travail.
Une très jeune femme entre précipitamment, souriante, un peu évaporée.*

SCÈNE VI

CATARINA, FRA ANGELICO.

CATARINA.

Bonjour, Giovanni,
Me reconnais-tu?

FRA ANGELICO.

'Non.

CATARINA.

Je suis Catarina,...
De la vallée de Mugello,...
Comme toi, née à Vicchio.

FRA ANGELICO, parlé.

Catärina, oui...

CATARINA.

Nous jouions
Sur le vieux pont de bois
De San Lorenzo...

FRA ANGELICO.

Oui, ma sœur.

CATARINA.

Appelle-moi : « Catarina »...
En ce temps, j'avais les pieds nus ;
Nous courions sous les pins...

FRA ANGELICO, rêveur.

Les cyprès...

CATARINA.

On grimpait
Au col de Casaglia...

FRA ANGELICO.

Qu'il est pur l'air toscan
Qu'on respire là-haut !

CATARINA.

Ta maison était blanche.
Avec un toit tout plat...

FRA ANGELICO.

Et puis, la pergola
De vigne... Et puis, l'ormeau...

CATARINA.

Les papillons volaient
Autour de nous,
Comme des billets doux...
Tu te souviens?...

FRA ANGELICO.

Que fais-tu maintenant?

CATARINA.

J'ai su plaire...
Oh! ne te mets pas en colère!...
Le fils d'Ubaldini
Qui possède trois cents châteaux,
Est fou de moi et j'en suis folle...

FRA ANGELICO, d'un ton de reproche.

Que viens-tu faire ici?

CATARINA.

Il se bat contre Milan et Pise :
J'apporte des fleurs à l'église
Pour qu'il ne meure pas.

FRA ANGELICO.

Tu priais peu, jadis....

CATARINA, naïvement.

J'étais trop jeune..
Je n'avais rien à demander ;
Tandis que maintenant...

FRA ANGELICO.

Moi, j'ai toujours prié
Sans rien demander en échange.

CATARINA.

La chapelle de San Battista
Est toute parfumée
De tes premières oraisons :
Implore la Madone
Pour mon Lorenzino,
Elle t'écoute, toi...

FRA ANGELICO.

Elle entend tout le monde
Et surtout ceux qui croient
Depuis toujours...

CATARINA.

Autrefois, je me le rappelle,
Dans la grotte où les charbonniers
Allumaient leur feu, tu voyais
L'Enfer et les démons...
Tu peins des diables?

FRA ANGELICO, souriant.

Oui...

CATARINA.

Les habitants de l'Enfer
Ne doivent pas aimer les peintres?...

FRA ANGELICO.

Qu'en sais-tu?

CATARINA, elle rit aux éclats.

Ils les font trop laids!
Tu nous montres surtout les anges
De la Sainte Vierge Marie.

FRA ANGELICO.

Des anges!... les fleurs et les fruits
Des jardins célestes.

CATARINA.

On dit que les oiseaux du ciel
Viennent les picorer,
Tant ils sont vrais.

FRÀ ANGELICO.

On me flatte.

CATARINA.

Voilà...
Je m'ennuyais dans notre bourg,
Je me suis sauvée un beau jour...
Tout d'abord, à Florence,
Je fis la connaissance
D'un peintre comme toi,...
Mais, je ne l'aimais pas.
Lui, m'aimait. Il aimait mon corps.
Un jour, j'étais Diane,
Un jour, j'étais Vénus,...

FRA ANGELICO.

Tais-toi!...

CATARINA.

Un autre... j'étais moi...
. . . .
Si tu peins des déesses,
De rêveuses princesses,
Je poserai pour toi.

FRA ANGELICO.

J'ai un autre idéal.

CATARINA, espiègle.

Et cette femme que voici?...

FRA ANGELICO.

C'est une statuette antique.

CATARINA.

Je suis pareille,
Veux-tu pas que je la remplace?
Un modèle vivant vaut mieux :
Ubaldini Lorenzino,
Mon seigneur et maître que j'aime,
N'est pas jaloux d'Angelico,
Il te sait pur,
Et vers l'azur
Chantant des psaumes...
Moi, je ne chante, excuse-moi,
Que des vers de Boccacio...
Écoute :
« Que je serais heureuse,
» Si mon cœur n'était pas jaloux!
» Mais je suis amoureuse
» Et d'un amant et d'un époux... »

FRA ANGELICO.

Tais-toi! Tu ne te souviens plus
De la pieuse et vieille chanson
Qui commençait ainsi :
« Dis-moi, douce Marie,
» A quoi songeais-tu

» Quand l'Ange t'apparut,
» Devant toi s'inclina
» Et puis te salua?... »

CATARINA, rêveuse.

Non. c'est loin... Mais, rassure-toi,
J'ai toujours de la Foi ;
Le soir, je dis mon *Ave Maria*...
Mais, que veux-tu ? Boccacio
Chante si bien l'amour...
Et je suis amoureuse,
Et je ne sais plus de chansons pieuses.

FRA ANGELICO, reprenant ses pinceaux.

Adieu, Catarina...

CATARINA.

Je t'empêche de travailler...
Je vais prier...
S'il mourait, j'en mourrais !...
Dois-je le dire à Dieu ?...
Non pas, à la Vierge Marie,
Elle est femme et comprendra mieux...
« Sainte Vierge », qu'il vive !
Je l'aime !...

Elle se dirige vers la chapelle et sort.

SCÈNE VII

FRA ANGELICO, CECILIA.

CECILIA, en longs habits de deuil, entre lentement et va à Fra Angelico.

Vous qui levez les yeux
Sur la nature et sur les hommes,
Dans un élan de charité,
Pitié pour votre pénitente!
Lorenzino, mon fils, est mort...

FRA ANGELICO, compatissant.

Notre-Dame des Sept Douleurs
A pleuré le sien comme vous;
Cette épreuve cruelle
Vous élève jusqu'à elle.

CECILIA.

Soutenez-moi, je vais dans la chapelle...
Il n'avait que vingt ans, c'était
Le plus beau des Ubaldini.

FRA ANGELICO.

Priez la Vierge, elle vous entendra.

CECILIA.

Tous l'aimaient, mon pauvre petit!...
Mon Lorenzino!...

Catarina, qui sort de la chapelle, croise Cecilia
au moment où celle-ci y pénètre.

SCÈNE VIII

CATARINA, FRA ANGELICO.

CATARINA.

C'est sa mère!... je la connais...
Pourquoi est-elle en deuil?

Angoissée.

Est-ce de lui? Dis-moi,... Guidolino
Est-il blessé?

FRA ANGELICO.

Non...

CATARINA.

Mourant?

Silence de Fra Angelico.

Il est mort! Il est mort, n'est-ce pas?

FRA ANGELICO, presque parlé.

Oui...

Catarina pousse un grand cri.

SCÈNE IX

LES MÊMES,
DEUX RELIGIEUSES, puis LA SUPÉRIEURE,
attirées par le cri désespéré de Catarina, sont accourues.

PREMIÈRE RELIGIEUSE.

Quelle est cette femme?

DEUXIÈME RELIGIEUSE.

Quelle est cette femme?

FRA ANGELICO.

Elle souffre.

PREMIÈRE RELIGIEUSE.

Je la soutiens;
Elle n'a plus d'ange gardien.

FRA ANGELICO.

Ayez soin d'elle!

DEUXIÈME RELIGIEUSE.

Que ce couvent soit son auberge,
Au nom de madame la Vierge!

LA SUPÉRIEURE.

Qui pleure dans notre maison?

FRA ANGELICO.

C'était ma compagne d'enfance,
Dans la vallée de Mugello :
    Un grand chagrin l'accable...
    C'est une pauvre enfant...

CATARINA.

Ma mère, accueillez-moi
Dans votre saint couvent!
Je n'avais qu'un bonheur sur terre,
Il s'est envolé tout là-haut.

FRA ANGELICO.

Oui, je sais l'étendue
De son malheur, ma sœur,
Il est immense, il est sans fin;
Prenez-la parmi vous,
Dieu la retrouve après l'avoir perdue.

SCÈNE X

LES MÊMES, D'AUTRES RELIGIEUSES.

LES AUTRES RELIGIEUSES.

Quelle est donc cette femme ?...

LA SUPÉRIEURE.

C'est une sœur nouvelle :
Avec douceur, accueillons-la.

S'adressant à l'une des religieuses.

Sœur Gina, mettez-lui votre manteau ;

A une autre.

Sœur Maria, passez-lui votre Rosaire ;

A une autre.

Sœur Marta, nouez ses cheveux
Que les ciseaux feront tomber demain.

FRA ANGÉLICO, à Catarina.

Te voilà maintenant
Sur le chemin des anges :
On y rencontre ceux qu'on aime
Cueillant les fleurs du souvenir...

CATARINA, transfigurée et comme en extase.

Oui, je le vois, tenant
L'épée de Saint-Michel-Archange;
Il est là pour combattre
Les ennemis de Dieu.

TROIS RELIGIEUSES.

Gloria in excelsis!

CATARINA tombe à genoux.

Dieu d'émeraude et de vermeil!
Saint-Sacrement aux rayons de soleil,
Lorenzino est près de toi!

TOUTES LES RELIGIEUSES.

Gloria in excelsis!

SCÈNE XI

LES MÊMES, CECILIA.

CECILIA, qui sort de la chapelle, s'incline en passant devant la jeune femme,
et baise le bord de son manteau de novice qu'elle attire jusqu'à ses lèvres.

Sœur inconnue et pâle comme un lys,
Vous avez le regard des saintes

Qui savent écouter les plaintes...
Priez pour mon fils !

Cecilia se relève et passe, elle sort.
Catarina la regarde s'éloigner et cache ses yeux dans ses mains,
secouée par un sanglot... puis se faisant violence :

SCÈNE XII

CATARINA, LA SUPÉRIEURE, FRA ANGELICO.

CATARINA.

Elle a dit de prier : prions !
Ave Maria...
Je ne sais que cette prière-là...

LA SUPÉRIEURE.

Ave Maria...

Toutes les religieuses se sont mises à genoux ainsi que les enfants qui, rentrés en
scène, regardent un peu surpris, tandis que Fra Angelico contemple le groupe et
commence à dessiner sur le mur...

FRA ANGELICO, pendant que les femmes murmurent l'*Ave Maria*.

Vierge Sainte, priez pour nous !
Donnez à mes pinceaux indignes
La céleste inspiration.

Que mon dessein
S'éclaire des très purs rayons
De votre divine auréole;
Qu'il ait l'harmonie de la viole
Et la fermeté de la Foi.
Vierge Sainte, priez pour moi!
Guidez ma main trop ignorante
Ainsi que Dieu le fit pour Dante.
  Ave Maria.

RIDEAU.

IMPRIMERIE CHAIX, RUE BERGÈRE, 20, PARIS. — 14088-6-24 — (Encre Lorilleux)

www.ingramcontent.com/pod-product-compliance
Ingram Content Group UK Ltd.
Pitfield, Milton Keynes, MK11 3LW, UK
UKHW020104100726
13658UKWH00004B/1972